Statt Champagner

# Statt Champagner

## Gute Gedanken fürs neue Jahr

Reclam

RECLAMS UNIVERSAL-BIBLIOTHEK Nr. 19621
2019 Philipp Reclam jun. Verlag GmbH,
Siemensstraße 32, 71254 Ditzingen
Umschlaggestaltung und Illustrationen: Kera till
Druck und Bindung: EsserDruck Solutions GmbH
Untere Sonnenstraße 5, 84030 Ergolding
Printed in Germany 2022
RECLAM, UNIVERSAL-BIBLIOTHEK und
RECLAMS UNIVERSAL-BIBLIOTHEK sind eingetragene Marken
der Philipp Reclam jun. GmbH & Co. KG, Stuttgart
ISBN 978-3-15-019621-2
www.reclam.de

# Inhalt

## JOACHIM RINGELNATZ

Silvester

Wenn der Christbaumschmuck – soweit nicht
aufgefressen –
Speicherwärts sich drückt und in Vergessen-
heit, dann – gänsehalsig – nadelnstreuend –
Fliegt die Tanne in die Küche.
Und von da an geht, uns hoch erfreuend,
Auch das alte Jahr sanft in die Brüche.

Wenn Gerüche aus der Küche
Lieb in unsre Nasenlöcher lachen:
Karpfen, den man blau gemacht,
Punsch, uns selber blau zu machen,
Krapfen, die im Fett geschwommen –
Ach, wer möchte da nicht wachen
Bis zur Mitternacht?

(Hier überspringen wir ein Stück;
Wir kommen später drauf zurück.)

Wenn der Briefträger oder Schornsteinfeger
Oder jemand Unreelles
Schrill in unsre Katerträume läutet
Und schon vor der Tür, die noch verrammelt
Ist, den heißempfundenen Glückwunsch stammelt,
Der auf ein traditionelles
Trinkgeld deutet:

Wenn wir bald darauf die Massen
Von so sinnigen, aparten
Glückwunschkarten
Kriegen, doch nicht lesen, noch erwarten,
Aber selber hundertweis verschicken lassen;
Ja, dann ist das neue Jahr mobil.

Niemand spricht beim Kaffee viel.
Und es äußert sich der Unfug dieses Lebens
Und des gestrigen silvestrigen
In Geräuschen des Sichübergebens.

Im Bureau verwickeln sich Bilanzen
Unentwirrbar. – Weiße Mäuse tanzen.

Schauen wir nun rückbezüglich
Auf die Zwischenzeit, die so vergnüglich
Uns zum Vorwand dient und uns bewegt,
Weil man sie die Jahreswende nennt,
Oder weil im kritischen Moment
Manche Uhr (wie täglich) zwölfmal schlägt.

Punsch wird – wie bereits gesagt – genossen.
Blei und Tränen werden nun vergossen
Und ergeben rührend Mysteriöses,
Wie es uns für solchen Zweck genügt.
Wir sind froh.
Und wenn morgen nicht die Presse andres lügt,
Tut um diese Stunde nirgendswo
Irgendjemand irgendwem was Böses.

Reden über Zukunft sind im Gange,
Zähe kurze, mittlere und lange.
Wer nicht reden kann, versucht die Loreley
Oder Schnadahüpfl vorzusingen.
Gläser und Terrinen klingen
Oder gehn bedeutungsvoll entzwei.
Nunmehr lauscht man an den Fensterkreuzen,
Doch vernimmt zunächst nur fern
Einen scheinbar älteren Herrn,
Welcher anhebt, sich zum letzten Mal in diesem Jahr
zu schneuzen.

Plötzlich hört die leichtgestörte
Menschheit auch das Unerhörte.
Zwölfmal schlägt es zu verschiedenen Malen.
Fenster öffnen sich. Gesichte strahlen.
Bolde sinken trunken in die Knie.
Manche Greise küssen ihre Greisin,
Und wenn keine Enkelchen dabei sin,
Gähnen sie.

Je nach Stärke der vertilgten Pünsche
Äußert jeder seine Wünsche.
Eltern geben allgemeinen Segen.
-isten hoffen einem Putsch entgegen.
Droschkenkutscher wollen »egal Regen«.
Fußballspieler wollen Sonnenschein,
Trinker Wein.
Ärzte wünschen ihren Nachbarn Krankheit.
Dicke Damen möchten Schlankheit,
Magere ersehnen Rundheit.
Nach Schanghai wünscht sich der Niegereiste.
Und im Übrigen zielt wohl das Meiste
Nach viel Geld und ewiger Gesundheit.

Solche Rührerei entwickelt sich
Ähnlich nun auch öffentlich.
Galgen und Kanonen biegen sich.
Ganz wildfremde Menschen liegen sich
In den Armen oder in den Haaren.

Und der Tatbestand ist nie
Später festzustellen,
weil gerade die Beamten, die
Angestellt sind, so was aufzuhellen,
In diesen Augenblicken notwendigerweise ihre Uhren
stellen.

Uhrstellen ist in dieser Zeit
Überhaupt von solcher Wichtigkeit,
Dass es jede Gegnerschaft versöhnen
Würde, käme nicht das Glockendröhnen

Und das Brasseln, Knallen, Zischen,
Von dem Gassenjungen-Feuerwerk,
Welches jeden ernsten Augenmerk
Ablenkt, unverschämt dazwischen.
Zeit und Menschen sind verrückt.

Zwischen zweier Jahre Sarg und Windel
Wiederholt sich immer noch historischer Schwindel,
Der zumal Kalenderfabrikanten
Und viele alte antitot gesinnte Tanten
Hochbeglückt.

Und auch mich.
Prosit Neujahr, Brüder!
Ich bin heute lüder
-lich.
Ja, ich brülle und betrinke mich.
Mich schlägt keine Uhr.
Und ich wünsche jedem Menschen nur:
Dass von dem, was er mit losem Munde
Heute erfleht,
möglichst wenig in Erfüllung geht.
Weil die Welt mir doch zu jeder Stunde
so am richtigsten erscheint, wie sie besteht.

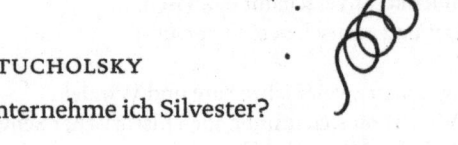

KURT TUCHOLSKY

Was unternehme ich Silvester?

Soll ich zu Kallmanns gehen? Die zünden ihren Tannenbaum an, drehen das Grammophon auf, das ihnen ›Stille Nacht, heilige Nacht‹ vorkratzt, die Kinder lagern sich mit den Torsos ihrer Spielsachen auf den guten Teppich, und Vater raucht die neue Pfeife an. Mutter Kallmann spricht mit mir über die Dienstbotenmisere, und ich sage: »Jawohl, gnädige Frau! ... Gewiss, gnädige Frau! ... Denken Sie nur, gnädige Frau!« Das andre sagt sie. Ich werde doch lieber nicht zu Kallmanns gehen.

Soll ich zu meiner Freundin mit der schönen Seele und den dicken Beinen gehen? Sie wird feuchte, große Augen machen und mich mit Erinnerungen plagen. Sie wird feierlich gestimmt sein, was ihr gar nicht steht, und wird hochzeremoniös – auch sie – den Weihnachtsbaum entzünden und sagen: »Lieber Peter ...« Bu. Ich werde doch lieber nicht zu meiner schönen Seele gehen.

Soll ich auf einen öffentlichen Ball gehen? Da werden sich zweitausend Menschen in Räumen drängen, die nur für zweihundert berechnet sind. Kellner werden sich den Sacharinsekt zu Valutapreisen aus den Händen schlagen lassen, und irgendwo im Wirbel und Rauch lärmt eine Kapelle. In der Mitte tun ein paar Leute so, als ob sie tanzten.

Es sind alle da: Man zeigt sich die Herren aus der Wilhelmstraße, Kino-Namen werden geflüstert, und die Bühne hat ihre besten Vertreter ... auch die Wissenschaft ... Nur die Kokotten benehmen sich anständig. Wer wird auch Silvester fachsimpeln, wenn man's das ganze Jahr tun muss ...! Die Luft wird stickig und verbraucht sein, die Scherze auch. Nein – ich werde doch lieber nicht auf einen öffentlichen Ball gehen.

Soll ich auf einen privaten Ball gehen? (Oho! Ich bin eingeladen!) Die Zimmer werden ausgeräumt sein, die Lampen blau und lila umkleidet. Es wird Sekt geben und kleine Brötchen. Am Klavier ein Mann und eine Geige. Es wird viel und hingebend getanzt. Auf dem Teppich und auf den Sofas knautschen sich die Paare, so, als ob es auf der ganzen weiten Welt kein Bett gäbe. Nur die festen Verhältnisse benehmen sich anständig. (Man soll nichts verreden.) Die Tochter vom Haus wird alle Minen ihres goldenen Temperaments springen lassen – sie findet es so furchtbar interessant, das alte Wort zu variieren: Immer davon sprechen, aber es nie tun! Die jungen Herren werden sich bei den jungen Damen alle Freiheiten erlauben, weil sie nichts kosten. Auch Hessen-Nassau ist eine Provinz. Nein, ich werde doch lieber nicht auf einen privaten Ball gehen.

Also: was dann –? Ich schlage vor, wir füllen die kleine blaue Blumenvase wie gewöhnlich mit roten Blumen und trinken einen stillen roten Wein. Vielleicht erwachst du nachts so gegen zwölf. Ich werde dir dann sagen: »Liebe – ich glaube, jetzt muss ich mir einen Zylinder aufsetzen und du schlägst ihn ein. Das ist so Sitte.« Und darauf du: »Ich bin so müde. Gute Nacht.«

Und wenn du morgen früh aufwachst, ist es – wetten,

dass? – 1922, und ich küsse dir das neue Jahr aus den Augen. Und da es ein alter Aberglaube ist, dass man das ganze Jahr hindurch tun wird, was man Silvester tut, so eröffnen sich für uns freundliche und wahrhaft erfrischende Perspektiven. Prosit Neujahr!

ERICH KÄSTNER

Spruch für die Silvesternacht

Man soll das Jahr nicht mit Programmen
beladen wie ein krankes Pferd.
Wenn man es allzu sehr beschwert,
bricht es zu guter Letzt zusammen.

Je üppiger die Pläne blühen,
um so verzwickter wird die Tat.
Man nimmt sich vor, sich zu bemühen,
und schließlich hat man den Salat!

Es nützt nicht viel, sich rotzuschämen.
Es nützt nichts, und es schadet bloß,
sich tausend Dinge vorzunehmen.
Laßt das Programm! Und bessert euch drauflos!

JULIUS STETTENHEIM

Das Neujahrsfest.

Wie jeder andere Tag beginnt auch der erste Januar am Schluss des vorangehenden Tages, aber er unterscheidet sich eben durch diesen Anfang auch von allen anderen Tagen. Der Anfang fällt in eine sehr fröhliche Festlichkeit, und von der ersten Sekunde seines Daseins an befindet er sich im Kreise aufgeregter, ihn längst ungeduldig erwartender, etwas oder scharf angetrunkener, jedenfalls lustig gestimmter Menschen. Wie bei keinem anderen Tag hat der Leitfaden durch den ersten Januar genau da anzuknüpfen, wo dieser Tag beginnt.

Denn schon in der ersten, ja sogar vor der ersten Sekunde seines Beginns, in welcher zugleich ein beispiellos uferloser Redefluss hereinbricht, treten Gefahren auf, welchen mit großem inneren Behagen nicht ausgewichen zu werden pflegt, denen aber ausgewichen werden muss, wenn man nicht ausgelacht zu werden wünscht. Namentlich ist hierauf der Redner aufmerksam zu machen, der es in der Silvesternacht nicht lassen kann, es zu sein, obschon er keiner zu sein dreist behaupten dürfte, wenn er eine Spur von Selbsterkenntnis hätte. Er wird nämlich Stilblüten in seine

Rede streuen, welche ohne ihre Schuld, aber unrettbar durch Alter und Banalität lächerlich geworden sind und von dem Lächeln, Achselzucken und mitleidigen Kopfschütteln gebildeter Hörer empfangen werden.

Wenn der Redner es irgendwie vermeiden kann, sich lächerlich zu machen, was allerdings sehr große Schwierigkeiten bietet, so nehme er während seiner Rede das Meer der Ewigkeit, in welches das alte Jahr gestiegen ist, nicht in den Mund. Es gibt kein Meer, von welchem wir so wenig wie von dem Meer der Ewigkeit wissen, und keines von den vielen Fluss- und Meeresbetten ist uns so verschlossen wie das Bett des Meeres der Ewigkeit. Dennoch pflegen sich die Redner hineinzulegen, weil ihnen dies sehr große Bequemlichkeit bietet. Ich muss aber darauf aufmerksam machen, dass das Bett des Meeres der Ewigkeit durch übermäßigen Gebrauch zum allergewöhnlichsten Hausrat der Silvester-Rede herabgesunken ist, und dass ihm daher selbst der Rang eines armseligen Strohsacks in diesem Hausrat streitig gemacht werden muss.

Auch möge der Redner vergessen, dass die Zeit außer anderen Kostbarkeiten einen Zahn, ein Rad und eine Sanduhr hat. Diese Dinge gehören allerdings, seit Reden gehalten werden, zu ihrem Inventar, verführen aber gewöhnlich dazu, dass der Redner sie falsch verwendet, miteinander verwechselt oder falsch miteinander verbindet. Der Redner lasse sie also gänzlich beiseite, wenn er ganz sicher sein will, seine auf der Lauer sitzenden Zuhörer nicht durch ein Zahnrad der Zeit, durch ein Jahr, das wiederum in die Sanduhr hinabstieg oder in den Zahn verschwunden ist, auf das Angenehmste zu unterhalten. Auch durch das Rad der Zeit wird viel Unglück herbeigeführt. Der eine behauptet, es benage alles, was geschaffen ist, der andere, dass es unbarmherzig das Jahr hinmäht.

Das Hinmähen ist Sache der Sense des Saturn, nicht des Rades, welches im Gegenteil die Aufgabe hat, dahinzurollen und sich nicht in die Speichen greifen zu lassen. Der Redner, der etwas auf sich hält, vermeide also die Sense, wie er, während er spricht, auch nicht daran denken wird, mit einem anderen scharfen Instrument umherzufuchteln.

Man versuche auch, wenn es irgendwie geht, den Blick, welchen manche Redner so gerne in die Vergangenheit zurückwerfen, zu bändigen. Dieses Zurückwerfen hat immer seine Gefahren. Weder sind die politischen Ereignisse, noch ist ein großer Bankkrach zu vermeiden. Jene sind bekanntlich noch nicht zu einem Abschluss gelangt, und über schlimme Börsenereignisse sollte nicht gesprochen werden, weil sich doch Bankdirektoren, Verwaltungsräte und andere Würdenträger der Finanz in der Gesellschaft befinden könnten, ja, sich bestimmt befinden und leicht zu verstimmen sind. Man darf nicht vergessen, dass solche Herren immer in der besten Gesellschaft verkehren, obschon ihr Kopf unter der Last der Butter sich zu beugen pflegt.

Nach dieser kleinen Abschweifung kehren wir in den Silvesterkreis zurück. Hat man einen solchen um sich versammelt, so lasse man den Wunsch so zeitig erscheinen, dass die Festversammlung dem Moment der Mitternacht ziemlich gleichgültig gegenübersitzt. Denn wahrhaft grauenvoll ist es, wenn die Gesellschaft während der halben Stunde vor Mitternacht nichts Amüsanteres zu tun weiß, als auf den ersten der zwölf Glockenschläge zu lauschen, um pünktlich Prost Neujahr! schreien zu können. Ein aus solchen Ödlingen zusammengesetzter Kreis pflegt auch keiner Taschenuhr und keiner Pendule zu trauen, sondern die Fenster zu öffnen, damit der besagte Glockenschlag der Mitternacht ohne irgendeinen Aufenthalt in die Wohnung zu dringen vermöge. Diese Sorgfalt ist die Mutter einer großen Reihe von kräftigen Hexenschüssen, Schnupfen, Halsentzündungen und rheumatischen Schmerzen, welche dem Menschen nicht weniger Vergnügen bereiten, wenn sie erst im Laufe des neuen Jahres und nicht gleich am ersten Tage desselben sich einstellen.

Die zum Jahreswechsel laut werdenden Glückwünsche haben die hervorragend erfreuliche Eigenschaft, dass sie nicht zu schaden vermögen. Nicht etwa, weil sie nicht aufrichtig herzlich gemeint sind. Es gibt Glückwünsche, welche aufrichtig herzlich gemeint sind. Aber wer im Laufe des Jahres Pech oder gar Unglück gehabt hat und sich der vielen Glückwünsche, die er zum Beginn des Jahres mündlich, schriftlich und telegraphisch erhielt, erinnert, könnte leicht annehmen, dass diese Glückwünsche Pech oder gar Unglück verschuldeten. Das ist aber ungerecht. Die Glückwünsche sind absolut unschuldig. Sie haben zwar noch kein Pech oder Unglück verhindert, vertagt oder gemildert, aber auch noch keines herbeigeführt. Sie sind entweder inhaltlose Redensarten, oder, wenn gedruckt, geschrieben oder telegraphiert, eine Hebung der Buntpapierfabrikation und des Post- und Telegraphenetats.

Wenn man an der Gleichgültigkeit der Neujahrsglückwünsche zweifelt, so warte man ruhig die ersten Tage des neuen Jahres ab. Schon am ersten Tage wird man in der empörendsten Weise eines Schlechteren belehrt werden. Denn unter zehn Besuchern werden ebenso viele mit geöffneter Hand gratulieren, und in den nächsten Tagen werden sich ihnen die Jahresrechnungen mit der Versicherung der Absender, sie rechneten auf sofortige Regulierung, anschließen.

Für den merkwürdigen Fall, dass man der Meinung sein sollte, man habe noch nicht genug Feinde, leiste man zur Ablösung der Neujahrskarten eine Zahlung für einen milden Zweck. Der Philister wird hiervon sicher keine Notiz nehmen und es demjenigen, der sich nicht bei ihm für seinen Neujahrswunsch bedankt, niemals vergessen.

Ist man regelmäßiger Besucher eines Kurortes, und erhält man von dem Wirt des Hotels oder des Hauses, in welchem man dort zu wohnen pflegt, einen Glückwunsch, so will dieser sagen: »Gott erhalte Ihnen in seiner unendlichen Güte das Leiden, das Sie alljährlich zu mir führt, auf dass ich wieder für mindestens vier Wochen einen Mieter habe. Amen!«

Trifft man einen befreundeten Arzt, welcher der ganzen Familie das beste Wohlsein im neuen Jahre wünscht, so ist dies nicht der Hausarzt, vielleicht aber dessen Feind.

Wünscht ein Hausfreund Glück, so meint er in den meisten Fällen sein eigenes.

Ist man Theaterdirektor und wird von einem Bühnendichter beglückwünscht, so fürchte man das Gegenteil: die Einreichung eines Dramas in Jamben. Ist man aber der Autor dieses Dramas und wird von einem Theaterdirektor beglückwünscht, so meint dieser das Glück, das man bei einem anderen Theaterdirektor haben möge.

Der Erbonkel und die Erbtante, denen zum Neujahr Glück gewünscht wird, dürfen überzeugt sein, dass sie den Gratulanten noch nicht genug gespart haben.

Wird man vom Hauswirt beglückwünscht, so antworte man mit Klagen über den schlechten Geschäftsgang, denn er beabsichtigt, die Miete zu steigern. Helfen werden aber die Klagen nicht.

JOACHIM RINGELNATZ

## Stelzebehns Silvesterfest

Rentmeister Adolf Stelzebehn –
Obwohl einer der fleißigsten
Beamten, die im Staatsdienst stehn –
Der pflegt am einunddreißigsten
Dezember nicht zu Bett zu gehn.
Er hält's wie viele Leute:
Er speist am Abend mit der Frau
Und seinem Sohne Karpfen blau
Und detailliert dabei genau,
Was dieser Tag bedeute.
Um zehn Uhr fünfzig wird dem Sohn,
Der dazu von dem Vater schon
Seit Jahren angeleitet
Ist und studiert und überhaupt –
Wird also diesem Sohn erlaubt,
Dass er den Punsch bereitet.
Halb zwölf Uhr muss er fertig sein.
Inzwischen bringt das Mädchen
Das sämtliche Stanniol herein,
Das man von Schokolädchen,
Von Tabak, Seife, Camembert
Sowie auch von der Straße her

Sammelte unverdrossen.
Dann wird mit Hilfe dieses Zinns
Und in Erwartung tiefsten Sinns
Ganz ängstlich Blei gegossen.
Nun darf das Mädchen auswärts gehn
Zu ihrem Bleisoldaten.
Derweil die Leute Stelzebehn
An dem Gegossnen raten
Und Wunder was im Garnichts sehn.
Dreiviertel zwölf wird Vater weich,
Die andern folgten ihm sogleich,
Und teils die Gläser füllend,
Teils sich in Schweigen hüllend,
Ernst, brauchgemäß bemeistern sie
Des Jahres Schlussmelancholie.
Ergriffen wie die Engel,
So warten sie und sehen nur
Die Uhr, die Uhr, die Uhr, die Uhr.
Dann greift die Hand zum Stengel
Des Glases. Die Balkontür kracht.
Drei Stimmen rufen durch die Nacht
In Glockenlärm und Prostgeschrei:
»Prost Neujahr!« Und dann küssen
Sie sich (die Mutter gähnt dabei).
Dann gehen sie zu Bett, die drei,
Weil sie früh aufstehen müssen.
So war das stets und jedes Jahr,
Bis einmal, da es anders war.
Damals – wie andre in der Not
Der Zeit gehaltlich abgebaut –
Aß Adolf Wurst mit Sauerkraut

Statt Karpfen blau zum Abendbrot.
Darüber schimpfte er schon laut.
Um zehn Uhr fünfzig kam heraus:
Das Mädchen war schon außer Haus
Und hatte nicht nur als sowohl
Ihr Eigentum wie das Stanniol,
Fünf Löffel und ein Grammophon
Mit sich davongenommen.
Dann war zum erstenmal der Sohn
Mit blutgeschwollner Schläfe
Um elf erst heimgekommen.
Er äußerte, er sei nicht wohl,
Was das Stanniol beträfe,
So sei der Fall verschwommen,
Doch wolle er als studio jus
Auf keinen Diebstahl hoffen,
Zwar – –. Kurz, man merkte aus dem Schmus:
Er war total besoffen.
Der Vater brummte: »Unerhört!«
Die Frau beschwichtigte verstört.
Der Sohn sprach nichts, doch lachte.
Worauf der Vater sich empört
Selbst an die Bowle machte.
Die Mutter aber dachte
Tief nach, was man nun gieße.
Halb zwölf Uhr prägte sie den Satz,
Dass Zelluloid als Bleiersatz
Vielleicht sich gießen ließe.
Die Mutter sprach's und seufzte tief.
Der Vater schwieg, der Sohn, der schlief.

Und so verging geraume Zeit.
Der Zeiger wies dreiviertel schon.
Plötzlich erwachte Adolfs Sohn
Sowie ein allgemeiner Streit.
Der Vater, der beim Punsch zerstreut
Spie, schlürfte, spie und schlürfte,
Rief, dass der Satz vom Zelluloid
Ein großer Quatsch sein dürfte.
Der Sohn, obwohl gar nicht im Bild,
Erklärte, das sei Lüge.
Auf Lüge wurde Vater wild.
Mutter erteilte Rüge.
Die Rüge kam in falschen Hals,
Nicht in den Hals des Jungen.
Der Vater brummte: – – andernfalls
Sähe er sich gezwungen –.
Die Mutter schrie, das sei zu viel.
Der Sohn verkniff das Wort senil.
Der Streit ging in die Breite.
Man schimpfte, drohte, log und schwur.
Und jeder hatte dabei nur
Sich selbst auf seiner Seite.
Bis Stelzebehns ererbte Uhr
Auf einmal dreizehn Schläge schlug.
Das war so ungewöhnlich,
Dass alles sich versöhnlich
Die Hände gab und sich vertrug.
Die Mutter jammerte, sie sei
Ein Schaf und Zelluloid kein Blei.
Der Sohn bat unter Tränen,

Die Sache mit dem Alkohol
Sowie den Fall mit dem Stanniol
Nie wieder zu erwähnen.
Da trug der Vater Adolf froh
Den ganzen Punsch zum Waterclo.
So schien für alle Zeit vertuscht,
Dass er den Punsch total verpfuscht,
Da er, als er ihn mischte,
Statt Zucker Salz erwischte.
Nun küsste der Familienbund
Sich gegenseitig auf den Mund,
Und die Balkontür krachte.
Unten war große Keilerei.
Die Kirchentürme schlugen zwei –
Und ein Betrunkner lachte.
Die Sternlein blinkten mild und klar,
Als ob von dem, was ist und war,
Sie keine Ahnung hätten.
Rentmeisters riefen: »Prost Neujahr!«
Und gingen in die Betten.
Nur dass der Stelzebehnpapa
Noch mehrmals nach dem Punsche sah.
Wenn ihr nun, liebe Leser,
Euch füllt Silvestergläser,
Dann sei kein Salz in eurem Punsch.
Und möge – dies mein zweiter Wunsch –
Das Fest euch fröhlicher vergehn,
Als es verging Herrn Stelzebehn.

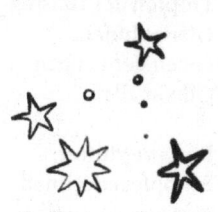

FRIEDRICH SCHILLER

Punschlied

Vier Elemente,
Innig gesellt,
Bilden das Leben,
Bauen die Welt.

Presst der Zitrone
Saftigen Stern,
Herb ist des Lebens
Innerster Kern.

Jetzt mit des Zuckers
Linderndem Saft
Zähmet die herbe
Brennende Kraft,

Gießet des Wassers
Sprudelnden Schwall,
Wasser umfänget
Ruhig das All.

Tropfen des Geistes
Gießet hinein,
Leben dem Leben
Gibt er allein.

Eh es verdüftet,
Schöpfet es schnell,
Nur wenn er glühet,
Labet der Quell.

**LUDWIG THOMA**

Neujahr bei Pastors

Mama schöpft aus dem Punschgefäße,
Der Vater lüftet das Gesäße
Und spricht: »Jetzt sind es vier Minuten
Nur mehr bis zwölfe, meine Guten.

Ich weiß, dass ihr mit mir empfindet,
Wie dieses alte Jahr entschwindet,
Und dass ihr Gott in seinen Werken
– Mama, den Punsch noch was verstärken! –

Und dass ihr Gott von Herzen danket,
Auch in der Liebe nimmer wanket,
Weil alles, was uns widerfahren
– Mama, nicht mit dem Arrak sparen! –

Weil, was geschah, und was geschehen,
Ob wir es freilich nicht verstehen,
Doch weise war, durch seine Gnade
– Mama, er schmeckt noch immer fade! –

In diesem Sinne meine Guten,
Es sind jetzt bloß mehr zwei Minuten,
In diesem gläubig frommen Sinne
– Gieß noch mal Rum in die Terrine! –

Wir bitten Gott, dass er uns helfe
Auch ferner – Wie? Es schlägt schon zwölfe?
Dann prosit! Prost an allen Tischen!
– Ich will den Punsch mal selber mischen.«

FERDINAND SAUTER

Am Silvesterabend

Drei flügelschnelle Stunden
Noch bis auf Mitternacht,
Dann ist ein Jahr entschwunden,
Ein neues aufgewacht.

Im alten hat's geregnet,
Gedonnert und geschneit,
Und was uns sonst begegnet,
Ist nur Alltäglichkeit.

So ist es stets gewesen,
So wird es immer sein,
Wir stäupen alte Besen
Und flechten neue ein.

Es starben viele Leute,
Die andern leben noch,
Aus Mädchen wurden Bräute,
Es zog der Mann im Joch.

Zu Ochsen wurden Rinder
Und fraßen Heu und Stroh,
Zu Menschen wurden Kinder,
Und lernten wie und wo.

Die Gecken waren zierlich,
Die Dummen waren grob,
Gescheite stets manierlich –
Wer wundert sich darob?

Und Ströme Blutes flossen
Für Freiheit und für Recht,
So stolz sie auch vergossen,
Der Lohn war immer schlecht.

Verpönt ist nackte Wahrheit,
Nur bei der Wollust nicht,
Umnachtet Lebens Klarheit,
Ein Märchen die Geschicht'.

Die Hoffnung ist betrüglich,
Der Glaube schlecht bestellt,
Die Lieb' ist unbesieglich,
Bevölkernd alle Welt.

Drum glaub' und hoffe wenig,
Und liebe nur recht viel,
Denn wärst du auch ein König,
Es bleibt dein letztes Ziel.

Und bist du einst gestorben,
Was liegt denn auch daran,
Hast wenig, viel erworben,
Dein Erbe bringt es an.

So sei mir Jeder Zeuge,
Dass ich die Welt verstand,
Und werft bei dieser Neige
Die Gläser an die Wand.

**ADA CHRISTEN**

## Champagner

Ist dein Leben freudenleer –
Trink Champagner!
Ist das Herz von Gram dir schwer –
Trink Champagner!
Spotten die Menschen um dich her –
Trink Champagner!
Hast nicht Wunsch noch Tränen mehr –
Trink Champagner!
Trink Champagner! Es bannt die Trauer
Der leichte Franzose, der rosig glüht,
Jagt die sentimentalen Grillen
Aus dem schweren deutschen Gemüt!

SELMA LAGERLÖF

Der Traumpfannenkuchen

Am Silvesterabend ging die Pfarrerstochter ganz spät die Anhöhe hinunter, die zum Brauhaus führte, wo die Großmutter, Frau Beata Spaak, seit vielen Jahren wohnte. Maja Lisa führte die Kleine an der Hand, und man konnte schon von weitem hören, dass sie unterwegs waren, denn so oft sie den Weg verfehlten und in den Schneewall einsanken, schrien sie laut auf.

Es war neblig und stockdunkel, und am Himmel leuchtete weder Mond noch Stern. Hätte es nicht hinter der Großmutter Fensterläden hell hervorgeschimmert, dann hätten sich die beiden wohl kaum bis zum Brauhaus zurechtfinden können.

In dieser Weihnachtszeit wurden unbeschreiblich viele Gesellschaften gegeben, sowohl bei den Bauern als bei den Herrschaften, so viele, dass die Tage fast nicht ausreichten, und so war den Pfarrleuten schließlich nichts anderes übriggeblieben, als auch am Silvesterabend fortzufahren. Aber Mamsell Maja Lisa war wie gewöhnlich zu Hause gelassen worden. Es hieß, sie müsse daheim bleiben und dafür sorgen, dass das Gesinde eine ordentliche Mahlzeit mit Fisch und Grütze ganz wie am Heiligen Abend bekomme. Als ob die alte Haushälterin das nicht ebenso gut hätte besorgen können!

Aber die Pfarrerstochter war deshalb doch in ausgezeichneter Laune. Am Vormittag hatte sie der Kleinen Märchen erzählt und Lieder vorgesungen, und die Kleine war sicherlich noch niemals so vergnügt gewesen.

Nach dem Abendbrot hatte Mamsell Maja Lisa erklärt, sie habe noch ganz und gar keine Lust, schlafen zu gehen; heute am Silvesterabend wolle sie wenigstens, ehe sie zu Bett gehe, einen Versuch machen, etwas von der Zukunft zu erfahren. Und dann hatte sie die Kleine gefragt, ob sie einen Traumpfannenkuchen mit ihr backen wolle.

Die Kleine wusste absolut nicht, was ein Traumpfannenkuchen war, hatte aber sofort ja gesagt; und sie würde selbstverständlich auch ja gesagt haben, wenn Mamsell Maja Lisa gefragt hätte, ob sie eine Suppe aus Kreuzottern mit ihr kochen wolle.

»Aber du darfst die ganze Zeit über, während wir den Traumpfannenkuchen machen, weder lachen noch sprechen«, sagte die Pfarrerstochter. »Und du darfst auch nicht das kleinste bisschen davon auf den Boden fallen lassen, weder vom Wasser noch vom Mehl, noch vom Salz.«

Ach, wenn das alles sei, meinte die Kleine, sie könne schweigen und ernsthaft sein, so lange man es verlange.

Dann aber waren sie in großer Not gewesen. Denn der Traumpfannenkuchen musste von drei Personen gemacht werden, sonst war es nichts, und die Pfarrerstochter wusste nicht, wo sie eine dritte Person dazu herbekommen sollte.

Sie gingen in die Küche und fragten, ob eine von den Mägden einen Traumpfannenkuchen mit ihnen backen wolle. Aber die Mägde schlugen nur die Hände über dem Kopf zusammen und sagten rundweg nein, sobald sie hörten, um was es sich handelte. Dieses Zeug hatten sie früher schon probiert; aber wenn man diesen Pfannenkuchen gegessen habe, könne man weder schlafen noch träumen; niemand solle sie verführen, ein solches Gericht je wieder zu versuchen.

Die Pfarrerstochter überlegte eine Weile, dann sagte sie: »Wir müssen zu Großmutter hinüber und sie bitten, uns zu helfen.«

Und aus diesem Anlass waren die beiden in der finstern Neujahrsnacht draußen und suchten den durch die Schneewehen geschaufelten Weg zu finden.

Die Pfarrerstochter meinte, diese Nacht sei gerade so, wie sie sein solle; eine Neujahrsnacht müsse dunkel und unergründlich sein, sie sei wie die Zukunft, in die man auch nicht hineinsehen könne.

Großmutter wohnte in einer Giebelstube oben im Brauhaus. Das schwierigste für die beiden war, sich die Treppe hinaufzutasten, die mit schmalen, ausgetretenen, dicht beschneiten Stufen in Absätzen außen an der Mauer hinaufführte; es war fast lebensgefährlich.

Aber auf Lövdala musste man sich an das Gehen in der Dunkelheit gewöhnen; ausgenommen für Stall und Scheune durften für Laternen keine Kerzen von der Pfarrfrau gefordert werden.

Großmutter musste indes die Gäste gehört haben; denn als diese die Treppe halb droben waren, kam sie heraus und machte die Tür auf. Und drinnen brannte der dreiarmige

Leuchter auf dem Tisch vor dem Sofa, und im Ofen flackerte ein lustiges Feuer.

Die Großmutter war groß und mager und sah gebrechlich aus. Die Pfarrerstochter sah ihr gar nicht ähnlich, und das war auch nicht möglich, denn Großmutter war nur die Stiefmutter von Maja Lisas verstorbener Mutter; aber sie hätte die Pfarrerstochter nicht lieber haben können, wenn sie ihr eigenes Fleisch und Blut gewesen wäre.

Es war, als verstehe sich Frau Beata auf ganz besondere Künste, denn wie es auch anderswo sein mochte, hier in ihrem Zimmer war es immer warm und behaglich und immer wie ausgeblasen. Sie hatte nur ein Zimmer, in dem sie schlief und auch kochte; aber ihr Bett mit dem weißen Vorhang, der von einer vergoldeten Stange herunterhing, war nur ein weiterer Schmuck für das Zimmer, und dasselbe konnte man auch von ihren glänzenden Kupferkasserollen und Porzellantellern auf dem Geschirrbort sagen.

Und sie selbst sah auch zierlich und vornehm aus; aber ihre Hände hatte die Gicht arg mitgenommen, die Finger waren gekrümmt, und sie konnte sie nicht biegen. Wenn man ihr die Hand reichte, war das eine schwierige Sache, und man wusste nicht recht, wie man es angreifen sollte.

Als die Pfarrerstochter ihr Anliegen vorbrachte, lachte die Großmutter sie ein wenig aus, sagte aber doch gleich, ja, sie wolle mittun, sie warte allerdings immer auf jemand und möchte wohl wissen, ob er in diesem neuen Jahre komme.

Da war es natürlich am besten, sie blieben gleich bei der Großmutter und backten da den Traumpfannenkuchen.

Zuerst nahmen sie von dem kleinen Bort hinter dem Herd eine Schüssel herunter; alle drei hielten die Schüssel

am Rand fest und stellten sie so auf den kleinen Küchen-
tisch.

Dann mussten sie einen hölzernen Löffel haben; und alle drei gingen miteinander an das Eckschränkchen, das
Großmutter als Speisekammer diente, um den Löffel zu
holen. Und alle drei hielten den Löffelstiel fest, als sie ihn
zum Tisch hintrugen und auf die Schüssel legten.

Dann gossen sie drei Löffel Wasser in die Schüssel; und
alle drei holten das Wasser aus Großmutters Kupfergelte,
und keines sprach ein Wort, keines lachte, während sie das
taten.

Als dies getan war, schütteten sie drei Löffel voll Mehl in
das Wasser; dabei hielten alle drei den Löffel und steckten
ihn miteinander in die Mehltonne, alle drei hoben das Mehl
heraus und schütteten es auch in das Wasser. Keines ließ
den Löffel los, keines sprach, keines lachte und keines ließ
auch nur das kleinste Stäubchen Mehl auf den Boden fallen.

Dann schöpften sie drei Löffel voll Salz hinein.

Und auch jetzt sprach keines ein Wort, keines lachte und
keines verstreute auch nur das kleinste Körnchen Salz.

Aber ist es zu glauben? Als sie so weit gekommen waren, fragte Großmutter, ob man Schmalz in die Pfanne tun
solle.

Im selben Augenblick jedoch, wo sie das sagte, schleu-
derte die Pfarrerstochter den Löffel weg, warf sich auf einen Stuhl und brach in lautes Lachen aus. Die Kleine hielt
zwar den Löffel fest, bekam aber einen so fürchterlichen
Lachkrampf, dass sie nicht mehr stehen konnte, sondern
sich auf dem Boden kugelte und gar nicht wieder zu lachen
aufhören konnte.

Großmutter verzog nur den Mund ein wenig. Sie hätte

sich vielleicht nicht zu versprechen brauchen; aber sie dachte an alte Zeiten und wusste, wenn beim Backen des Traumpfannenkuchen nicht irgendein kleines Missgeschick passierte, dann war kein Spaß dabei.

Ach, und es war ihr so lieb, wenn die Pfarrerstochter ihren Kummer vergaß und ein wenig lachte.

Als die beiden sich endlich gefasst hatten, beschlossen sie, wieder von vorne anzufangen; denn jetzt taugte das, was bisher geschehen war, nichts mehr, und sie mussten alles ganz von vorne an noch einmal machen.

Aber jetzt war es nicht mehr so leicht, denn nun waren sie schon in lächeriger Laune.

Zuerst gossen sie drei Löffel Wasser in die Schüssel.

Weiter kamen sie nicht, schon mussten sie wieder lachen. Und die Pfarrerstochter war am schlimmsten; bei der Kleinen war es lange nicht so gefährlich wie bei Maja Lisa.

Gute fünf Minuten lang konnte sie sich gar nicht wieder fassen.

Doch dann sagte die Pfarrerstochter, jetzt müssten sie aber ordentlich sein, sonst würden sie mit dem Pfannenkuchen vor Mitternacht nicht fertig.

»O, es würde ganz gut gehen, wenn nur du ernsthaft sein könntest«, sagte die Großmutter.

Zuerst gossen sie das Wasser hinein, dann das Mehl, dann das Salz, und dann rührten sie alles gut durcheinander. Und alle drei hielten den Löffel, als sie alles umrührten, und keines lachte, keines sprach ein Wort, keines verschüttete das kleinste bisschen auf den Boden.

Als nun der Teig gut verschafft war, legten sie ihn in die Bratpfanne. Aber der Pfannenkuchen sah nicht appetitlicher aus als der Mischmasch, den man den Hühnern und

Schweinen zusammenrührt. Überdies war er ganz steif und hart und glitzerte von dem vielen Salz, das darinnen war.

Nun stellten sie die Pfanne aufs Feuer und ließen den Pfannenkuchen auf der einen Seite backen, dann wurde er umgedreht. Und immer hielten alle miteinander den Löffel, alle drei halfen den Kuchen umwenden, und keines ließ den Löffel fallen.

Dann war der Traumpfannenkuchen fertig und sollte gegessen werden.

Jetzt waren die Pfarrerstochter und die Kleine im höchsten Eifer, und es war keine Gefahr mehr, dass sie losplatzen würden. Sie dachten nur noch daran, dass sie vielleicht in die Zukunft sehen durften, und diese große Gelegenheit wollten sie gewiss nicht verscherzen.

Der Traumpfannenkuchen glänzte vor lauter Salz, und es gehörte ordentlich Mut dazu, hineinzubeißen. Aber sie teilten ihn in drei Teile, und dann aßen sie, so gut es eben ging.

Die Kleine aß ihren Teil auf, weil sie begriff, dass es sein musste, und sie alle Vorschriften genau befolgen wollte, Großmutter nahm nur ein ganz kleines Stückchen, und es ist nicht sicher, ob sie selbst dieses hinunterwürgte. Die Pfarrerstochter aß einen Mund voll. Aber so gerne sie auch in die Zukunft sehen wollte, sie war nicht imstande, noch einen einzigen weiteren Bissen hinunterzubringen.

Die beiden jungen Menschenkinder waren wie ein wenig enttäuscht von dem Traumpfannenkuchen, aber jedenfalls sprach keines ein Wort. Sie winkten der Großmutter nur gute Nacht zu, und diese stand schweigend oben an der Tür und leuchtete ihnen die Treppe hinunter.

Die paar Schritte über den Hof liefen sie, so rasch sie

konnten, denn jetzt war es, als sei die Nacht gar nicht mehr so dunkel und unergründlich. Sie war bereit, ihren Vorhang wegzuziehen und ihnen ihre Geheimnisse zu zeigen; aber sie wagten nicht, stehen zu bleiben, um zu sehen.

Als die beiden sich durch die Küche schlichen, waren die Mägde schon zu Bett; aber selbstverständlich riefen ihnen alle miteinander zu, wie es gegangen sei: Ob sie schon geträumt hätten, und wer ihnen im Traum erschienen sei? Aber sie brachten kein Wort aus ihnen heraus, weder aus Mamsell Maja Lisa, noch aus der Kleinen.

Die Kleine schlief ein, sobald sie den Kopf aufs Kissen legte, und schlief bis zum nächsten Morgen. Als sie erwachte, hatte sie einen scharfen Geschmack im Munde; aber so große Mühe sie sich auch gab, sie konnte sich doch nicht erinnern, ob sie etwas geträumt hatte.

Großmutter hatte die ganze Nacht nicht geschlafen, war aber dann das ganze Neujahrsfest hindurch still und schweigsam und wie in einem Traum befangen; es war, als habe jedenfalls sie etwas erfahren.

Die Pfarrerstochter konnte lange nicht einschlafen, weil sie brennenden Durst litt; aber etwas trinken, ehe man geschlafen hatte, das durfte man doch beileibe nicht, sonst war alles umsonst gewesen.

Als sie am Morgen erwachte, konnte sie sich zuerst nicht klar darüber werden, ob ihr etwas geträumt hatte.

Aber später am Tage ging sie zufällig einmal durch den Flur und trat auf die Freitreppe hinaus.

Und da hielt sie plötzlich an; denn nun fiel ihr ein, dass sie in der Nacht im Traume ganz auf demselben Platz gestanden hatte. Und da waren in ihrem Traume zwei Fremde, ein junger und ein alter, auf dem Sandweg dahergekommen. Und der Alte hatte gesagt, er sei der Propst Liljecrona und komme mit seinem Sohne, um sie zu fragen, ob sie durstig sei und gerne einen Trunk Wasser wolle.

Und sofort war der junge Mann mit einem Glas hellem frischem Wasser in der Hand vorgetreten und hatte es ihr angeboten.

Als aber die Pfarrerstochter sich daran erinnerte, erschrak sie, und sie zitterte am ganzen Leibe.

Denn das ist sicher und gewiss: wer einem, nachdem man einen Traumpfannenkuchen gebacken hat, im Traum ein Glas Wasser anbietet, den heiratet man.

**WALTER BORN**

## Der Silvester-Karpfen

Kurz vor Silvester brachte meine Frau den Karpfen vom Markt. Er lebte noch. Nun ist es gut, wenn man so ein Tier ein paar Tage in klarem Wasser hält, bevor man es verzehrt. Dann geht der moorige Geschmack weg. Ich setzte den Karpfen also in die Badewanne und beobachtete, wie er sich langsam erholte. Schließlich schwamm er still in dem sauberen Wasser umher.

Gegen Abend fiel mir der Karpfen wieder ein. Ich nahm ein Stück Kuchen, zerbröckelte es und warf die Krümel in die Badewanne. Von Weihnachten her war noch eine Menge Kuchen da.

Nachts wachten wir auf, weil ein Dröhnen durch das ganze Haus schallte. Es klang ganz unheimlich. Ich ging dem Schall nach und kam ins Badezimmer.

Der Stöpsel in der Wanne hatte nicht festgesessen, oder der Karpfen hatte an dem Kettchen gezogen. Jedenfalls war das Wasser abgelaufen, und der Fisch lag trocken. Er war ein kräftiger Bursche und schlug von Zeit zu Zeit mit dem Schwanz gegen den Boden der Wanne.

Ich schloß schnell den Abzug und ließ frisches Wasser ein. Als der Karpfen wieder schwimmen konnte, schien es mir, als ob er mich anblickte.

Dann schlief ich wieder ein, aber nach einer Stunde oder so war ich plötzlich wieder wach. Ein Weilchen dachte ich an den Karpfen. Komisch, ich konnte meine Gedanken nicht losreißen von dem Fisch und ging endlich leise hinaus. Als ich dann neugierig in die Badewanne blickte, hörte der Fisch auf zu schwimmen und sah mich an. Mir fiel auf, daß er keineswegs das hatte, was man als »Fischauge« bezeichnet. Er blickte dankbar und ausdrucksvoll zu mir auf. Dann ging ich ein paarmal an der Wanne entlang. Der Karpfen schwamm immer nebenher.

Am anderen Morgen frühstückte ich recht nachdenklich. Gerade bat ich meine Frau um die zweite Tasse Kaffee, als ein klatschendes Geräusch vom Korridor kam. Der Karpfen hopste und watschelte gerade auf mich zu. Es war klar, daß der Fisch dankbar war, weil ich sein Leben gerettet hatte. Er bekam ein paar Kuchenkrümel, und dann setzte ich ihn in die Badewanne zurück.

Von nun an geschah es immer häufiger, daß mir der Karpfen in der Wohnung auf Schritt und Tritt folgte. Von »Silvesterkarpfen« konnte keine Rede mehr sein.

Die ersten Januartage waren ungewöhnlich milde. Einmal, als es ein bißchen regnete, nahm ich den Karpfen mit auf die Straße. Er kam mir nach wie ein Hund. Es gab einen ziemlichen Tumult, als wir beide einherkamen, ich auf der Bordschwelle und der Karpfen im Rinnstein, weil die Feuchtigkeit ihn nun einmal anzog.

Der Polizist konnte nichts machen. Es ist keineswegs verboten, sich einen Karpfen zu halten, außerdem nahmen alle Leute gegen ihn Stellung.

Schließlich erreichten wir die Straßenkreuzung. Es waren mindestens fünfhundert Leute um uns versammelt.

Fahrräder und Autos hielten an, und die Straßenbahn konnte nicht vorbei. Von rechts ertönte das Signal des Überfallkommandos. Der Polizist hatte Verstärkung geholt.

Im selben Moment kam ein großer, grauer Kater über den Bürgersteig; er sah den Fisch starr an, und dann kauerte er sich zusammen. Nur seine Schwanzspitze zuckte ein bißchen.

Als mein Karpfen seinen Todfeind bemerkte, bekam er einen mächtigen Schreck. Ein paar Leute versuchten, den Kater zu verscheuchen. Ich bückte mich rasch, um den Karpfen hochzunehmen. Es war aber zu spät. In blinder Panik machte der Fisch ein paar Hopser und landete auf einem Kanalisationsgully. Ehe ich ihn ergreifen konnte, hatte er sich schon durch das Gitter hinabgezwängt.

Da sagt man immer, Fische reagieren langsam.

### HERMANN LÖNS

### Silvesternebel

Kahlfrost, den mag ich nicht. Es ist mir dann zu nackt draußen, mich friert dabei. Schnee muss ich haben, soll mir der Winter Freude machen, weicher, weißer, dicker Schnee, der wärmt mir das Herz und macht meine Augen froh. Bei Kahlfrost wintert mir alle Lebenslust aus.

Darum lachte ich damals, als ich nachts aus dem Café kam, in der Nacht vor dem Silvestertag. Kalt pfiff es über die Georgstraße, und weiß stob es über ihre Trottoire, und als die anderen Menschen mit zugekniffenen Lippen eilig heimgingen, da schritt ich langsam über die Straße und atmete tief.

Früh war ich auf am anderen Morgen. Und froh. Ich sang, als ich in die Stiefel fuhr. Das war lange nicht vorgekommen. Und als ich auf die Straße kam, wo der Sturm pfiff und johlte, wie betrunken, und weiße Fahnen schwenkte, da hätte ich gern weiter gesungen.

Die Fahrt in der Eisenbahn war wunderschön. Durch fremde Welten führte sie, durch weißverschleierte Länder. Keine Station war zu erkennen, jede Dorfsilhouette war verwischt, alles begrub der Sturm im Winterschnee.

Die Endstation, ich kannte sie kaum wieder. Brüllend warf der Nordostwind den Schnee über die Geleise, wirbelte ihn in Wolken über den Perron, fegte ihn in wilden Strudeln über die Straße. Eine tolle Freude fasste mich und machte mich frosthart und sturmfest.

Schneewolken warf mir der Sturm nach, als ich im Dorf in die Gaststube trat. Da war es mir aber zu heiß, das Blut sprang mir kribbelnd durch die Adern, und schnell rettete ich mich wieder in das weiße Schneesturmbad.

»Kriegst ja doch nichts!« hatten die Freunde gesagt, die da bei Grog und Karten eingeschneit waren. Was wissen die denn? Fuchs und Has, was mir daran liegt heute! Nicht so viel! Großes such ich nach den Kleinheiten der Stadt, Weites nach ihrer Enge, Hartes nach ihrer Weichlichkeit, Frische nach ihrem erschlaffenden Druck.

Alles das fand ich draußen. Schritt um Schritt musste ich mit dem Sturm ringen, jeden Tritt dem Schnee abzwingen, manchmal wurde mir schwach zumute, aber am Ende wurde ich Herr über Sturm und Schnee.

Die Stunden flogen dahin, wie die Flocken im Sturm. Und mit den Stunden Unruhe und Nervengekribbel. Und wie der Sturm sich brach und über der weißen Weite blassblaugrauer Abendhimmel stand, da war ich umgeschaffen und neu geboren und wusste nichts von den Sorgen und dem Ärger und den Kämpfen der letzten Zeit, und still, wie am Himmel der helle Mond, leuchtete in mir ruhige Gleichmütigkeit.

Oben auf der Düne stand ich und sah in die weiße Feldmark, in der riesengroß, durch die Maßstabslosigkeit des Geländes unmessbar geworden, die Hasen und Rehe sich hin und her bewegten.

Goldener Gleichmut ging in mir auf. Lächelnd sah ich auf das, was unter mir war, Angst und Ärger und Sorgen, einmal fällt doch der Schnee darüber, und der tollste Sturm, er hat sein Ziel und sein Ende.

Morgen fängt ein neues Jahr an. Ohne Angst und ohne Hoffen sehe ich ihm entgegen. Es wird Mai werden. Dann sind hier alle Birken grün und alle Böcke rot, die Grauartschen singen, und der Stechginster blüht. Nachher kriegt die Heide ihre Rosenfarbe, dann blasst sie ab, und wieder fällt Schnee auf alles, ein Jahr wie das andere.

Auf der anderen Seite der Düne liegt das Moor. Es ist heute so weit und so weiß. Sonst ist es eng und braun. Wie ist es nun in Wirklichkeit? Und wie sind wir? Heute so, morgen so. Wie das Wetter des Schicksals es will.

Sonst kenne ich jeden Fußbreit darin, heute weiß ich nicht ein noch aus. Heute haben wir im Leben Ziel und Zweck, morgen ist alles verschneit, und Wege und Stege sind fort.

Das dachte ich so, als ich unter der krummen Schirmfuhre saß und vor mich hindämmerte, die über dem alten Abstieg steht. Bis der Fuchs mich weckte, der hinten im Stiftsmoor bellte. Da sah ich auf und sah nichts mehr, keine Fuhre, keine Birke, keinen Torfhaufen, weder Torfkuhle noch Moordamm. Der Nebel war gekommen vom Steinhuder Meer und hatte alles ausgelöscht, was ich wusste. Schnee lag über der Vergangenheit und Nebel vor der Zukunft.

Morgen ist Neujahr. Eine Neue liegt auf seinen Wegen, und Nebel verhüllt die Aussicht. Rosige Blumen werden neben schwarzen Torflöchern blühen, goldene Blüten leuchten über verräterischem Schlamm. Das große Moor des letzten Jahres habe ich hinter mir, im neuen kenne ich nicht Weg noch Steg.

Mir wird zu einsam. An meinen eigenen Fußtapfen helfe ich mir heraus aus dem Moor. Andere sind nicht da, wie im Leben auch nicht. Schließlich ist man doch immer allein, trotz aller Freunde. Das ist traurig, aber wenn man es eingesehen hat, auch tröstlich.

Der Nebel ist dick, wie eine Wand. Er ist vor mir und hinter mir und rechts und links und über mir, und unter mir auch, denn keine Fußspur, keine Wagentrane weist der Schnee auf.

Wie ein Blinder gehe ich weiter. Ab und zu strecke ich die Hand aus, um zu wissen, dass ich noch sehen kann. Manchmal bohre ich die Augen in die weiße Dunkelheit, ob da kein Licht vom Dorfe ist, oder sehe nach oben, einen Stern erhoffend, oder bleibe stehen und horche, ob ein Hund kläfft, aber immer lächle ich müde und stampfe weiter, blind, taub und stumm.

Längst müsste ich beim Dorfe sein. Da ist es: die ersten Bäume. Nein, eine Täuschung der Augen! Aber da, endlich, Fußspuren im Schnee. Die führen zum Dorf. Denen folge ich, neuer Hoffnung voll, aber hungrig und müde.

Wie lange, das weiß ich nicht. So lange, bis ich einen Schreck bekam. Als ich sie verlor. Und als ich sie wiederfand nach angstvollem Hin- und Herlaufen, da war ich so froh. Bis der nächste Schreck kam. Denn vor mir das Schwarze, das ich für das äußerste Haus des Dorfes hielt, die beiden Krüppelfuhren unter der Düne sind es. Ich bin in die Runde gegangen.

Mir wird angst und matt. Wie ein Kind im Dunkeln stehe ich da, als wenn ich weinen müsste. Aber dann lache ich mich selbst aus. Verirren kann ich mich ja nicht. Da die Dünen, links die Straße, rechts das Dorf! Also kehrt und geradeaus!

Geradeaus im Nebel! Geradeaus ohne festen Punkt, ohne Weg und Steg! Geradeaus ohne Stern und Strahl, ohne Halt und Hoffnung. Pfeif' dir ein Lied, Menschenskind, du hast hier deinen Humor nötig! Irrst ins neue Jahr hinein und weißt nicht, wohin du kommst.

Siehst du, da bist du ja wieder unter der Düne! Zweimal gingst du im Kreise. Lache doch, wenn du kannst! Und mach' kehrt und marschier' wieder geradeaus!

Oder hilft dir ein Fluch? Oder ein Kognak, ein kleiner Rausch? Oder ein bisschen Nachdenken, kalt und kühl? Nein, mein Lieber, das hilft dir alles nichts. Glück, das ist das einzig Wahre. Entweder du fällst mit der Nase darauf, oder du läufst daran vorbei und stehst wieder vor der verdammten Düne, wie jetzt.

Ich habe keine Lust mehr, mich hier herumzubewegen, das Beste ist, ich ruhe mich hier aus. Ich bin zu müde. Vielleicht, dass der Nebel weggeht.

Ich setze mich unter die Fuhre und starre in den Nebel. Bis tausend Fratzen daraus auf mich zukommen. Fratzen, die allerlei dumme Gedanken hochmachen.

Läuft man nicht das ganze Leben so im Kreise? Im dicken Nebel? Hinter halbverwehten Hoffnungen her, auf unbestimmte Ziele zu, und hat schließlich doch nichts davon wie ein weißes Laken?

Die drei Mündungen meiner Waffe grinsen mich an. Wenn ich jetzt an den Abzug rühre, dann bin ich schnell zu

Hause. Dann brauch ich nicht erst so weit zu laufen. Soll ich?

Da höre ich etwas. Das erste Mal diesen Abend. Hundegebell, da unten! Ich springe auf und gehe darauf zu. Und rufe, so laut ich kann. Der Hund antwortet. Ich laufe, höre das Bellen näher, und jetzt, endlich, ein Licht, ein Haus, die Straße!

Unter dem ersten Fenster sehe ich nach der Uhr. Gleich Mitternacht. Mir wird ganz eigen. Eben noch, da dachte ich voll Abscheu an die Welt und das Leben und die Menschen, und jetzt freue ich mich darauf.

Ich warte noch einige Minuten. Und so, wie die Uhr in der Gaststube den ersten von den zwölf Schlägen tut, da reiße ich die Tür auf und rufe lachend mein Froh Neujahr!

**WILHELM BUSCH**

Zu Neujahr

Will das Glück nach seinem Sinn
Dir was Gutes schenken,
Sage Dank und nimm es hin
Ohne viel Bedenken.

Jede Gabe sei begrüßt,
Doch vor allen Dingen:
Das, worum du dich bemühst,
Möge dir gelingen.

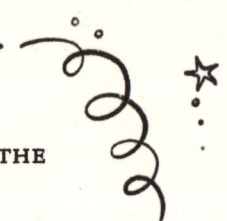

## JOHANN WOLFGANG GOETHE

### Zum neuen Jahr

Zwischen dem Alten,
Zwischen dem Neuen,
Hier uns zu freuen
Schenkt uns das Glück,
Und das Vergangne
Heißt mit Vertrauen
Vorwärts zu schauen,
Schauen zurück.

Stunden der Plage,
Leider, sie scheiden
Treue von Leiden,
Liebe von Lust;
Bessere Tage
Sammlen uns wieder,
Heitere Lieder
Stärken die Brust.

Leiden und Freuden,
Jener verschwundnen,
Sind die Verbundnen
Fröhlich gedenk.

O des Geschickes
Seltsamer Windung!
Alte Verbindung,
Neues Geschenk!

Dankt es dem regen
Wogenden Glücke,
Dankt dem Geschicke
Männiglich Gut,
Freut euch des Wechsels
Heiterer Triebe,
Offener Liebe,
Heimlicher Glut!

Andere schauen
Deckende Falten
Über dem Alten
Traurig und scheu;
Aber uns leuchtet
Freundliche Treue;
Sehet, das Neue
Findet uns neu.

So wie im Tanze
Bald sich verschwindet,
Wieder sich findet
Liebendes Paar,
So durch des Lebens
Wirrende Beugung
Führe die Neigung
Uns in das Jahr.

**THEODOR FONTANE**

Und wieder hier draußen ein neues Jahr, –
Was werden die Tage bringen?!
Wird's werden wie es immer war,
Halb scheitern, halb gelingen?

Wird's fördern das worauf ich gebaut,
Oder vollends es verderben?
Gleichviel was es im Kessel braut,
Nur wünsch' ich nicht zu sterben.

Ich möchte noch wieder im Vaterland
Die Gläser klingen lassen,
Und wieder noch des Freundes Hand
Im Einverständnis fassen.

Ich möchte noch wirken und schaffen und tun
Und atmen eine Weile,
Denn um im Grabe auszuruhn,
Hat's nimmer Not noch Eile.

Ich möchte leben, bis all dies Glühn
Rücklässt einen leuchtenden Funken
Und nicht vergeht wie die Flamm' im Kamin,
Die eben zu Asche gesunken.

## ACHIM VON ARNIM

Neujahr

Altes Jahr, du ruhst in Frieden,
Deine Augen sind geschlossen;
Bist von uns so still geschieden
Hin zu himmlischen Genossen,
Und die neuen Jahre kommen,
Werden auch wie du vergehen,
Bis wir alle aufgenommen
Uns im letzten wiedersehen.
Wenn dies letzte angefangen,
Deutet sich dies Neujahrgrüßen,
Denn erkannt ist dies Verlangen,
Nach dem Wiedersehn und Küssen.

**ROSE AUSLÄNDER**

Neujahr II

Es schneit
Neujahrswünsche

Briefvögel
aus aller Welt
kommen geflogen

Boten
bringen Geschenke

Wir freuen uns zurück
ins vergessene Land

hören wieder die Worte
»Liebe deinen Nächsten
wie dich selbst«

**RAINER MARIA RILKE**

Gedanken an einem Neujahrsmorgen

Capri, Villa Discopoli, am 1. Januar 1907

Der heutige Morgen fing so strahlend an, nun wird ein grauer Tag daraus; aber zuerst war ein Glänzen wie von einem ganz neuen, nie gebrauchten Jahr. Und die Nacht war eine helle, ferne, die über viel mehr als nur über der Erde zu ruhen schien; man fühlte, dass sie über Meeren lag und weit drüber hinaus über dem Raum, über sich selbst, über Sternen, die ihren Sternen entgegensahen aus unendlicher Tiefe. Das alles war in ihr gespiegelt und von ihr über die Erde gehalten und schon kaum mehr gehalten: denn es war wie ein beständiges Überfließen von Himmeln.

Ich dachte, es würde vielleicht eine Mitternachtsmette geben, und ging nach elf Uhr aus; die Gassen und Steige zwischen den Mauern lagen lang da, wie abgenommene hingebreitete Fahnentücher, schwarz-weiß, aus einem Streifen Mauerschatten neben einem Streifen Licht; denn es war die erste Nacht nach dem vollen Monde, und er stand ganz hoch im Himmel und überschien scharf alle die Sterne, so dass nur da und dort ein entfernter ganz großer so stark flackerte, dass etwas Dunkelheit um ihn entstand. Wie blendeten die beschienenen Mauerränder, wie war das Laub der Oliven ganz aus Nacht gemacht, wie ausgeschnit-

ten aus Himmeln, älteren, nicht mehr benutzten Nacht-
himmeln. Und die Berghänge sahen so mondhaft verfallen
aus und ragten aus den Häusern empor wie Unbewältigtes.
Und die Häuser waren dunkel, und wo die Holzpersianen
nicht vorgezogen worden waren, hatten die Fenster den
fahlen, durchscheinenden Schein blinder Augen. Auf der
kleinen Piazza endlich, unter dem Uhrturm, stand ein
Haufen junger Capresen in Verabredung. Aus einem kleinen Kaffeehaus, das, rot verhangen, in die finsterste Ecke
eingefügt war, kam dann und wann das ungeduldige Auf-
rasseln eines Tamburins. Ein Torbogen überspannte eine
enge Gasse, die aufwärts führte, und griff ein Stück Himmel herein mit seiner Wölbung und hielt es ihr an. Ein
Schritt in Holzschuhen klappte die Häuser entlang, die Uhr
hob an und schlug das letzte Viertel vor Mitternacht. Aber
die Kirche war zu, wie seit Jahrzehnten verschlossen. Und
was da fernher und doch eigentümlich durchdringend, von
den Olivenhängen und aus den Weingärten herüber-klang,
das war kein christliches Singen. Schwere Blumen, alter
schwankender Klagen voll, langgezogen ohne Anfang,
nicht als setzten sie plötzlich ein, nur: als würde das Ohr
unvermutet eingeschaltet in ein immer dauerndes Tonhin-
halten; Stimmen, wie wieder herausgeholt aus dem Gehör
entlegener Berggesichter; Stimmen, die von selbst entste-
hen, als finge sich Nachtwind in der Seele eines Tieres; lange, schwere, schwankende Stimmen, Rufe und Rufreihen
einer uralten Naturtrunkenheit, dumpf, unbewusst, mehr
ertragen als gewollt, und dazwischen Gelächter, flammen-
haft hervorbrechend und sich schnell verzehrend, kurz,
wach und warm wie aus einer Sommernacht, und dann
wieder Mondschein; Wege, Mauern, Häuser und Erde aus

Mondschein, aus Mondschatten, die stille hält, während es seltsam bedeutungsvoll Neujahrsmitternacht schlägt, langsam Schlag auf Schlag legend: jeder ganz glatt, ganz ausgebreitet, faltenlos, als sollte er so aufbewahrt werden.

Ich war wieder zu meinem kleinen Hause zurückgegangen und stand oben auf seinem Dach und wollte in dem allem ein gutes Ende sehen und einen guten Anfang in mir finden. Und nun wollen wir glauben an ein langes Jahr, das uns gegeben ist, neu, unberührt, voll nie gewesener Dinge, voll nie getaner Arbeit, voll Aufgabe, Anspruch und Zumutung; und wollen sehen, dass wir's nehmen lernen, ohne allzuviel fallen zu lassen von dem, was es zu vergeben hat, an die, die Notwendiges, Ernstes und Großes von ihm verlangen.

… Guten Neujahrsmorgen …

HEINRICH HEINE

K.-Jammer

Diese graue Wolkenschar
Stieg aus einem Meer von Freuden;
Heute muss ich dafür leiden
Dass ich gestern glücklich war.

Ach, in Wermut hat verkehrt
Sich der Nektar! Ach, wie quälend
Katzen-Jammer, Hunde-Elend
Herz und Magen mir beschwert!

## HANS CHRISTIAN ANDERSEN

Turmwächter Ole

»In der Welt geht alles auf und ab und ab und auf. Nun kann ich nicht höher kommen«, sagte der Turmwächter Ole. »Auf und ab und ab und auf, so geht's mit den meisten. Im Grunde werden wir alle zuletzt Turmwächter und betrachten das Leben und die Dinge von oben her.«

So sprach Ole auf dem Turm, mein Freund, der alte Wächter, ein vergnügter, gesprächiger Alter, der alles herauszusagen schien und doch so viele ernsthafte Dinge auf seinem Herzensgrunde verwahrt hielt. Ja, er war guter Leute Kind; er sollte sogar der Sohn eines Konferenzrates sein oder könnte es gewesen sein. Er hatte studiert; er war Hilfslehrer und Hilfsküster gewesen. Aber was konnte das helfen! Er wohnte bei dem Küster und sollte alles frei haben. Jung und schön war er damals; er wollte, wie man so sagt, für seine Stiefel Wichse haben; aber der Küster wollte ihm nur Schmiere geben, und deshalb gerieten sie aneinander. Der eine sprach von Geiz, der andere von Eitelkeit; die Wichse wurde der schwarze Grund ihrer Feindschaft und deshalb trennten sie sich. Aber was er von dem Küster forderte, forderte er auch von der Welt. Er verlangte Wichse und erhielt immer nur Schmiere. Deshalb ging er aus der Gemeinschaft der Menschen fort und wurde Einsiedler;

aber eine Einsiedelei mit Lebensunterhalt findet sich inmitten einer großen Stadt nur auf einem Kirchturm. Dort stieg er hinauf und rauchte seine Pfeife auf seinen einsamen Gängen. Er schaute hinab und schaute hinauf, dachte dabei nach und erzählte auf seine Weise, was er sah und nicht sah, was er in Büchern und in sich las. Ich gab ihm häufig zu lesen; es waren gute Bücher, und an dem Umgang soll man ja einen Menschen erkennen. Er hielt nicht viel von den englischen Gouvernantenromanen, und ebenso wenig von den französischen, die, wie er sagte, aus Zugwind und Rosinenstengeln zusammengebraut wären; nein Lebensbeschreibungen wollte er haben und Bücher über die Wunder der Natur. Ich besuchte ihn wenigstens einmal im Jahre, gewöhnlich gleich nach Neujahr. Er hatte dann immer eins oder das andere, woran sich seine Gedanken beim Jahreswechsel knüpften.

Ich will von zwei Besuchen erzählen und seine eigene Art wiedergeben, so gut ich es kann.


Der erste Besuch.


Unter den Büchern, die sich das letzte Mal Ole geliehen hatte, war ein Buch über Geröllsteine, das ihn besonders angesprochen und angeregt hatte.

»Ja, es sind wahre Jubelgreise, diese Geröllsteine«, sagte er, »und an ihnen geht man gewöhnlich gedankenlos vorbei. Ich selbst tat es auf dem Felde und an dem Strande, wo sie in großer Menge liegen. Da tritt man achtlos auf Pflastersteine, diese Trümmer aus einer der allerältesten Lebensperioden. Ich selbst habe es getan! Nun hat jeder Pflasterstein meine Hochachtung. Vielen Dank für das Buch! Es hat mich erfüllt, viele alte Gedanken und Gewohnheiten beiseite geschoben und mich begierig gemacht, mehr von solchen Dingen zu lesen. Der Roman der Erde ist doch der merkwürdigste von allen Romanen. Schade, dass man nicht die ersten Kapitel lesen kann! Sie sind in einer Sprache geschrieben, die wir nicht gelernt haben. Man muss in den Erdschichten lesen, in den Kieselsteinen, in allen Erdperioden, und die handelnden Personen, Herr Adam und Frau Eva, treten erst im sechsten Kapitel auf. Das ist für manche Leser sehr spät; sie wollen sie sofort haben; mir ist es gleich. Es ist ein höchst märchenhafter Roman, und wir alle spielen eine Rolle in ihm. Wir kribbeln und krabbeln und bleiben an derselben Stelle; aber die Erdkugel dreht sich, ohne das Weltmeer über uns auszugießen; die Kruste, auf der wir gehen, hält zusammen, dass wir nicht hindurchfallen. Es ist eine Geschichte durch Millionen von Jahren mit fortschreitender Entwicklung. Dank für das Buch über die Geröllsteine! Es sind Kerle, die zu erzählen hätten, wenn sie nur könnten. Ist es nicht lustig, einmal so ganz an das Nichts gemahnt zu werden, wenn man so hoch sitzt, wie ich, und sich daran erinnern zu lassen, dass wir alle, selbst die mit Wichse, nur flüchtige Ameisen auf einem Erdhaufen sind, wenn auch Ameisen mit Ordensbändern, Ameisen von Bedeutung und Gewicht. Man fühlt sich so merkwürdig jung an der Seite dieser ehrwürdigen, Millionen von Jahre alten Geröllsteine. Ich las am Neujahrsabend in dem Buch und war so vertieft, dass ich mein gewöhnliches Vergnügen in der Neujahrsnacht, das wilde Heer nach Amager ziehen zu sehen, vergaß. Ja, das kennen sie wohl noch nicht!

Der Ritt der Hexen auf dem Besenstiele ist bekannt genug; sie ziehen in der Walpurgisnacht nach dem Blocksberg. Aber wir haben auch ein wildes Heer, und das zieht in der Neujahrsnacht nach der Insel Amager. Alle schlechten Dichter und Dichterinnen, alle Komponisten, Zeitungsschreiber und Kunstgrößen, die nichts taugen, reiten in der Neujahrsnacht durch die Luft nach Amager. Sie sitzen rittlings auf ihren Pinseln oder Gänsekielen; die Stahlfeder kann sie nicht tragen; sie ist zu steif. Ich sehe sie, wie gesagt, in jeder Neujahrsnacht; die meisten könnte ich mit Namen nennen; aber es verlohnt sich nicht, sich bei ihnen aufzuhalten. Auch lieben sie es nicht, dass das Volk von ihrer Amagerfahrt auf dem Gänsekiel erfährt. Ich habe eine Art Geschwisterkind; sie ist Fischfrau und liefert, wie sie sagt, die Schimpfwörter für drei angesehene Zeitungen. Sie ist als geladener Gast dabei gewesen, wurde aber hinausgetragen, da sie vom Gänsekiel nichts hielt und nicht reiten konnte. Sie hat es selbst erzählt. Freilich ist die Hälfte von dem, was sie sagt, erlogen; aber die Hälfte genügt schon. Als sie mit draußen war, begannen sie mit Gesang. Jeder der Anwesenden hatte Verse geschrieben, und jeder sang seine eigenen; denn die wären die besten. Es klang wie ein Lied; es war überall dieselbe Melodie. Dann marschierten sie in kleinen Kameradschaften auf; diejenigen, welche nur durch ihr Maulwerk wirken, waren die großen, tönenden Glocken, an die alles gehängt wird; es folgten die Trommelschläger, die alles in den Familien austrommeln, Bekanntschaften wurden mit denjenigen geschlossen, die schreiben, ohne ihren Namen darunter zu setzen, das will hier sagen die Schmiere für Wichse geben. Da war der Büttel mit seinem Knecht, und die Knechte waren am schärfsten, sonst wären sie nicht beachtet worden; da war der gute Dreckfeger, der in den Kisten und Kasten wühlt und alles: Gut! Sehr gut! Ausgezeichnet! findet. Mitten in dieser Lustbarkeit, – denn das musste es sein – schoss aus einer Grube ein Stengel, ein Baum, eine ungeheure Blume, ein großer Pilz, ein ganzes Dach hervor. Es war die Schlaraffenstange der geehrten Versammlung, die alles trug, was sie im alten Jahre der Welt beschert hatten. Und Funken wie Feuerflammen sprühten aus ihr hervor; das waren die entlehnten Gedanken und Ideen, die sie verwendet hatten, und die sich nun wieder befreiten und wie ein mächtiges Feuerwerk dahinfuhren. Dann wurde ›Gegenstände suchen‹ gespielt; die kleinen Dichter spielten ›Herzensuchen‹, die Witzigen sagten ›Versuchen‹; Geringeres wurde nicht geduldet. Die Witze schallten, als würfe man leere Töpfe gegen die Türen oder Töpfe mit Schutt und Asche. Das wäre höchst lustig gewesen, sagte mein Geschwisterkind. Eigentlich sagte sie noch viel mehr, das zwar sehr boshaft, aber auch sehr lustig war. Ich sage es nicht; man soll mit zu den guten Menschen halten und nicht zu den Lästerzungen. Sie sehen nun, dass es sehr interessant ist, in jeder Neujahrsnacht aufzupassen und das wilde Heer vorüberfliegen zu sehen, wenn man so gut wie ich über ihr Fest da draußen Bescheid weiß. Vermisse ich in einem Jahre einzelne, so sind dafür andere hinzugekommen. Aber diesmal versäumte ich, mir die Gäste anzusehen; ich rollte auf den Geröllsteinen dahin, rollte durch Millionen Jahre und sah die Felsblöcke droben im Nordland sich lösen und krachend niederstürzen; sah sie auf den Eisbergen umhertreiben, lange bevor die Arche Noahs gezimmert wurde; sah sie auf den Grund sinken und auf einer Sandbank wieder hervorkommen, die aus dem Wasser ragte und sagte: ›Das soll

Seeland werden.‹ Ich sah sie Nistplätze für Vogelarten werden, die wir nicht mehr kennen; sah sie als Wohnstätte für wilde Häuptlinge, die wir auch nicht mehr kennen, bis auf wenige, die mit ihrer Axt Runenzeichen in die Felsblöcke gruben und daher für die Zeitrechnung in Betracht kommen können; aber ich kam ganz aus ihr heraus. Da fielen drei, vier schöne Sternschnuppen; sie leuchteten auf, und die Gedanken erhielten eine andere Richtung. Sie wissen doch, was eine Sternschnuppe ist? Das wissen die Gelehrten sonst nicht. Ich habe so meine eigenen Gedanken darüber. Wie häufig wird der Dank oder der Segenswunsch in aller Heimlichkeit über den ausgesprochen, der irgendetwas Gutes und Schönes getan hat; wie häufig ist er lautlos. Aber sie fallen nicht zur Erde. Ich denke mir, dass der Sonnenschein sie auffängt und die Sonnenstrahlen den stillen, heimlichen Dank über des Wohltäters Haupt herabwerfen. Und ist es ein ganzes Volk, das für Jahre seinen Dank abträgt, dann kommt er wie ein Blumenstrauß, fällt er nieder wie eine Sternschnuppe auf des Wohltäters Grab. Es ist für mich eine wahre Freude, wenn ich – besonders in der Neujahrsnacht – Sternschnuppen sehe und herausfinde, wem dieser Danksagungsstrauß wohl gelten kann. Kürzlich fiel eine leuchtende Sternschnuppe im Südwesten nieder, ein Dank für viele, viele. Wem konnte sie gelten? Sie fällt sicherlich, dachte ich, auf Skrenten an der Flensburger Förde nieder, wo der Danebrog über den Gräbern von Schleppergrell, Loessoe und den gefallenen Kameraden weht. Eine andere fiel mitten im Lande nieder; sie fiel auf Sorö, als ein Strauß für Holbergs Sarg, als ein später Dank von so vielen, als ein Dank für die herrlichen Lustspiele.

Es ist ein großer Gedanke, ein lieber Gedanke, zu wissen, dass auf unser Grab einst eine Sternschnuppe fällt. Aber auf mein Grab wird keine fallen; kein Sonnenstrahl wird mir einen Dank bringen; denn mir hat niemand etwas zu danken. Ich bekomme keine Wichse«, sagte Ole; »es ist mein Los in der Welt, nur Schmiere zu bekommen.«

Der zweite Besuch.

Es war wieder Neujahrstag, als ich auf den Turm stieg. Ole erzählte von den Gläsern, die beim Übergang vom alten Tropfen zum neuen Tropfen, wie er die Jahre nannte, geleert würden. So erhielt ich seine Geschichte über die Gläser, und der Gedankengang war folgender:

»Wenn die Neujahrsglocke zwölf schlägt, so erheben sich die Menschen am Tische mit einem vollen Glas und trinken auf ein glückliches neues Jahr. Man beginnt das Jahr mit den Gläsern in den Händen, das ist ein guter Anfang für die Trinker. Man beginnt das Jahr damit, zu Bett zu gehen; das ist ein guter Anfang für die Faulenzer. Der Schlaf soll wohl im Laufe des Jahres eine große Rolle spielen, und die Gläser ebenfalls. Wissen Sie, was in den Gläsern wohnt?« fragte er. »Ja, darin wohnen Gesundheit, Freude und Ausgelassenheit; darin wohnen Verdruss und bitteres Unglück! Wenn ich die Gläser aufzähle, zähle ich natürlicherweise die Wirkungen der Gläser auf die verschiedenen Menschen auf.

Siehst du, das erste Glas ist das Glas der Gesundheit. In ihm wächst das Kraut der Gesundheit. Stecke es in das Gebälk deines Hauses und am Ende des Jahres kannst du in der Laubhütte der Gesundheit sitzen.

Nimmst du das zweite Glas – ja, so fliegt aus ihm ein kleiner Vogel heraus, der so froh unschuldig zwitschert, dass der Mensch lauscht und mitsingt: ›Das Leben ist so schön! Wir wollen keine Kopfhänger sein. Fröhlich weiter!‹

Aus dem dritten Glase erhebt sich ein kleiner geflügelter Bursche – einen Engel kann man ihn wohl nicht nennen; denn er hat Koboldblut und Koboldsinn, – nicht um zu scherzen, sondern um Possen zu treiben. Er setzt sich hinter unser Ohr und flüstert dir einen lustigen Einfall zu; er legt sich auf unsere Herzgrube und macht uns warm, so dass wir ausgelassen, ein witziger Kopf nach der anderen Köpfe Urteil werden.

In dem vierten Glase ist weder Kraut, noch Vogel, noch Bursche; es enthält den Gedankenstrich des Verstandes, und über den Strich soll man niemals gehen.

Nimm das fünfte Glas, und du weinst über dich selber, wirst so lustig und so gerührt, oder es macht sich auf andere Weise Luft. Aus dem Glase springt mit einem Knall Prinz Karneval, leichtfertig und ausgelassen. Er zieht dich mit, und du vergisst deine Würde, wenn du sie besitzt. Du vergisst mehr als du vergessen sollst und darfst. Alles ist Tanz, Sang und Klang. Die Masken reißen dich mit; des Teufels Töchter kommen in Flor und Seide, mit aufgelöstem Haar und schönen Gliedern. Reiß dich los, wenn du kannst!

Das sechste Glas! – Ja, in ihm sitzt der Satan selbst, ein kleines, schöngekleidetes, geschwätziges, einnehmendes, höchst gemütliches Männchen, welches dich vollständig versteht, dir in allem recht gibt; es ist dein eigenes Ich. Er kommt mit einer Laterne und geht mit dir an deiner Seite nach Hause. Es gibt eine alte Legende von einem Heiligen,

der eine von den sieben Todsünden wählen sollte. Er wähl-
te, wie er meinte, die geringste, die Trunksucht, und in ihr
beging er alle andern sechs Sünden. Der Mensch und der
Teufel vermischen ihr Blut in dem sechsten Glas, und es
lässt alle bösen Geister in dir los. Jeder erhebt sich mit einer
Kraft, die dem biblischen Senfkorn gleicht, das zu einem
Baum wurde und die ganze Erde beschattete, und die meisten können dann nichts anderes tun, als sich in der Jung-
mühle wieder jung mahlen zu lassen.

Das ist die Geschichte der Gläser«, sagte der Turmwächter Ole, »und die kann man sowohl mit Wichse wie mit
Schmiere erzählen. Ich erzähle sie mit beiden Dingen.« –

Das war der zweite Besuch bei Ole; wenn du mehr hören
willst, so musst du die Besuche fortsetzen.

**STEFAN ZWEIG**

Sternenglaube

Sieh, da ist ein lichter Stern gesunken!
Wie ein weißer wirrer Irrlichtfunken
Schwebt er zu des Abends Blütenbeet …

Du … Jetzt flink, noch eh' er ganz verweht
Sprich den Wunsch der in Erfüllung geht! –

Zitternd ist der müde Stern gesunken …
Schweigend hab' ich deinen Blick getrunken
Und mit ihm Dein innerstes Gebet …

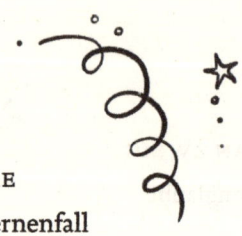

RAINER MARIA RILKE

## Nachthimmel und Sternenfall

Der Himmel, groß, voll herrlicher Verhaltung,
ein Vorrat Raum, ein Übermaß von Welt.
Und wir, zu ferne für die Angestaltung,
zu nahe für die Abkehr hingestellt.

Da fällt ein Stern! Und unser Wunsch an ihn,
bestürzten Aufblicks, dringend angeschlossen:
Was ist begonnen, und was ist verflossen?
Was ist verschuldet? Und was ist verziehn?

# Verzeichnis der Autoren, Texte und Druckvorlagen

HANS CHRISTIAN ANDERSEN (1805–1875)
Turmwächter Ole 64
Andersens Märchen. Ergänzungsband. Aus dem Dänischen übers. von Guido Höller. Halle a. d. S.: Otto Hendel, [o. J.]. S. 40–46.

ACHIM VON ARNIM (1781–1831)
Neujahr 58
A. von A.: Sämmtliche Werke. 21. Band. Gedichte. Berlin: v. Arnim's Verlag, 1857.

ROSE AUSLÄNDER (1901–1988)
Neujahr II 59
R. A.: Gesammelte Werke in sieben Bänden. Hrsg. von Helmut Braun. Bd. 6: Wieder ein Tag aus Glut und Wind. Gedichte 1980–1982. Frankfurt a. M.: S. Fischer, 1986, S. 61. – © 1986 S. Fischer Verlag GmbH, Frankfurt a. M.

WALTER BORN
Der Silvester-Karpfen 44
*Die Zeit*, Nr. 01/1960. https://www.zeit.de/1960/01/der-silvester-karpfen

WILHELM BUSCH (1832–1908)
Zu Neujahr 53
Wilhelm Busch zum Vergnügen. Hrsg. von Karl-Heinz Hartmann. Stuttgart: Reclam, 2007, 2011. (Universal-Bibliothek. 18895.) S. 149.

ADA CHRISTEN (d. i. Christiane von Breden; 1839–1901)
Champagner 34
A. Ch.: Lieder einer Verlorenen. Hamburg: Hoffmann und Campe, 1869. S. 29.

THEODOR FONTANE (1819–1898)
    Und wieder hier draußen ein neues Jahr  56
    Th. F.: Gedichte. Stuttgart/Berlin: J. G. Cotta'sche Buchhandlung,
    1905. S. 7.

JOHANN WOLFANG GOETHE (1749–1832)
    Zum neuen Jahr  54
    J. W. G.: Gedichte. Ausw. und Einl. von Stefan Zweig. Stuttgart:
    Reclam, 1967. (Universal-Bibliothek. 6782.) S. 139 f.

HEINRICH HEINE (1797–1856)
    K.-Jammer  63
    H. H.: Sämtliche Gedichte. Kommentierte Ausgabe. Hrsg. von
    Bernd Kortländer. Stuttgart: Reclam, 2009. (Universal-Bibliothek.
    18394.) S. 583.

ERICH KÄSTNER (1899–1974)
    Spruch für die Silvesternacht  15
    E. K.: Doktor Erich Kästners Lyrische Hausapotheke. Zürich: Atri-
    um Verlag, 1936. S. 170. – © 1936 Atrium Verlag AG, Zürich, und
    Thomas Kästner.

SELMA LAGERLÖF (1858–1940)
    Der Traumpfannenkuchen  35
    S. L.: Liljecronas Heimat. Roman. Übers. von Pauline Klaiber.
    München: Albert Langen, 1921. S. 106–115.

HERMANN LÖNS (1866–1914)
    Silvesternebel  47
    H. L.: Mein grünes Buch. Jagdschilderungen. Hannover: Friedrich
    Gersbach Verlag, 1918. S. 202–207.

RAINER MARIA RILKE (1875–1926)
    (1) Gedanken an einem Neujahrsmorgen  60
    (2) Nachthimmel und Sternenfall  74
    Rainer Maria Rilke: Briefe. Bd. 1. Berlin: Insel Verlag 1950. S. 159 f. (1)

Chronik seines Lebens und seines Werkes. Hrsg. von Ingeborg Schnack. Berlin: Insel Verlag, 1990. S. 934. (2)

JOACHIM RINGELNATZ (d. i. Hans Gustav Bötticher; 1883–1934)
(1) Silvester 7
(2) Stelzebehns Silvesterfest 22
Die Woche. Moderne illustrierte Zeitschrift. Berlin. Jg. 27 (1925), Nr. 1, 3. Januar 1925. (1)
Ringelnatz zum Vergnügen. Hrsg. von Günter Baumann. Stuttgart: Reclam, 2005, 2011. (Universal-Bibliothek. 18804.) S. 152–158. (2)

FERDINAND SAUTER (1804–1854)
Am Silvesterabend 31
F. S.: Gedichte. Hrsg. von Julius von der Traun. Wien: Tendler und Comp., 1855.

FRIEDRICH SCHILLER (1759–1805)
Punschlied 27
F. Sch.: Gedichte. Eine Auswahl. Hrsg. von Gerhard Fricke. Stuttgart: Reclam, 1952. Neuausg. 1980 [u. ö.]. (Universal-Bibliothek. 7714.) S. 138 f.

JULIUS STETTENHEIM (1831–1916)
Das Neujahrsfest. 16
J. St.: Der moderne Knigge. Bd. III. Berlin: Hoffmann, 1902. S. 37–41.

LUDWIG THOMA (1867–1921)
Neujahr bei Pastors 29
L. Th.: Gesammelte Werke. 6. Band. Romane II und Ausgewählte Gedichte. München: R. Piper & Co., 1968. S. 512.

KURT TUCHOLSKY (1890–1935)
Was unternehme ich Silvester? 12
K. T.: Gesammelte Werke in zehn Bänden. Bd. 3. Reinbek bei Hamburg: Rowohlt, 1975. S. 109–111. [Erstmals erschienen in *Die Weltbühne*, 29. 12. 1921, Nr. 52, unter dem Pseudonym Peter Panter.]

STEFAN ZWEIG (1881–1942)
Sternenglaube  73
St. Z.: Silberne Saiten. Gedichte und Nachdichtungen. Hrsg. und eingel. von Richard Friedenthal. Frankfurt a. M.: S. Fischer, 1966.

Der Verlag Philipp Reclam jun. dankt für die Nachdruckgenehmigung den Rechteinhabern, die durch den Textnachweis und einen folgenden Genehmigungs- oder Copyrightvermerk bezeichnet sind. In einigen Fällen waren die Inhaber der Rechte nicht festzustellen; hier ist der Verlag bereit, nach Anforderung rechtmäßige Ansprüche abzugelten.